REDDITO PASSIVO

Sommario

CAPITOLO 1

Cosa sono i redditi passivi?

Il sogno nascosto di ognuno di noi è quello di ricevere un generoso bonifico sul proprio conto alla fine del mese senza dover compiere alcun tipo di sforzo lavorativo. Chi non vorrebbe fare soldi con un'attività che non richiede un lavoro di gestione? Chi non vorrebbe avere tanto tempo libero da impiegare senza dover dipendere da un reddito professionale e da orari di lavoro? Una cosa del genere sembra davvero solo un bel sogno.
Lo strumento dei redditi passivi ci può aiutare a realizzare una situazione in cui si possono ottenere dei guadagni da attività che non richiedono l'impiego di risorse lavorative. In poche parole, rendono possibile il tanto desiderato "vivere di rendita".

Tuttavia, è necessario fare qualche chiarimento. Per costruire un reddito passivo è necessario del lavoro iniziale per mettere in piedi l'attività che, poi, continuerà a fruttare autonomamente nel corso del tempo. Inoltre, periodicamente può essere necessaria una manutenzione del reddito; come si può avere il bisogno di ricreare o rigenerare delle fonti di reddito che vanno ad esaurirsi. A meno che non siate letteralmente mantenuti da un'altra persona (ad es. partner), che dovrà comunque lavorare per pagare i vostri bisogni, o riceviate una cospicua eredità dalla vostra famiglia, anch'essa frutto del lavoro di qualcun altro, non sarà, quindi, possibile ottenere le risorse necessarie per vivere senza alcun tipo di lavoro. Nei redditi passivi è comunque possibile concentrare l'attività lavorativa per un periodo limitato e poter godere dei suoi frutti per un tempo più o meno lungo.

La maggior parte dei soggetti che si sono

resi finanziariamente indipendenti grazie ai *passive incomes* passano comunque buona parte del loro tempo a far funzionare le loro fonti di reddito o a trovarne di nuove, anche per avere un paracadute nel caso in cui quelle attuali vadano ad esaurirsi. Il vantaggio sarà quello di liberarsi dagli schemi lavorativi classici e poter avere la libertà di scegliere come impiegare il proprio tempo. Ad esempio, una volta che si è ottenuta l'indipendenza finanziaria, si può voler incrementare i guadagni per elevare la propria qualità della vita. In questo caso, sarà necessario impiegare più tempo nella ricerca e nella cura di nuove fonti di profitto. Tuttavia, questa rimane una scelta del tutto libera. Si può anche rinunciare a questa opportunità se si preferisce utilizzare il proprio tempo per curare i propri affetti o per coltivare delle altre passioni. Il tutto, beninteso, senza dover rendere conto a un datore di lavoro o ad un qualsivoglia ambiente professionale.

CAPITOLO 2

La legge del reddito passivo

Per capire come funzionano i redditi passivi è necessario, in via preliminare, dare qualche nozione riguardo il funzionamento del business e dell'economia in generale. Innanzitutto, bisogna dire che il denaro si genera dove un valore reale viene creato. Un valore rappresenta un vantaggio, beneficio, utilità che una persona sarebbe disposto a pagare per ottenerlo o usufruirne. Ogni volta che si riceve del denaro significa che qualcuno ha creato un valore e qualcun altro ha deciso di acquistarlo.

Lo stesso lavoratore crea un valore: il muratore mette a disposizione la propria forza lavoro (valore) che viene acquistata dal datore di lavoro per unità di tempo (Reddito=Valore*Tempo) o per il raggiungimento di un certo obiettivo (lavoro a progetto).

Essendo il tempo un bene scarso per natura, l'unica cosa che su cui si può intervenire per aumentare il reddito è aumentare il valore del mio lavoro: posso ottenere un titolo accademico (Laurea, Master etc.) oppure accumulare esperienze sul campo per aumentare il mio bagaglio di *skills*, sia da un punto di vista quantitativo che qualitativo.

Un'altra cosa da tenere in mente è che il valore viene creato dalle persone, ma non necessariamente devono essere le stesse persone a venderlo o fornirlo volta per volta.

Alcuni sviluppatori hanno creato un valore gigantesco con Google, ma non sono loro personalmente a fornirti i risultati ogni volta che viene fatta una ricerca nel web.

Un padrone di casa impiega del lavoro per acquistare una casa e trovare un inquilino con cui concludere un contratto di locazione. Dopo aver fatto ciò, tuttavia, non deve far altro che ricevere un canone mensile senza fornire alcun altro servizio (a parte degli eventuali interventi di manutenzione straordinaria a cui normalmente è obbligato per contratto). Questa è la logica che sta alla base del concetto di reddito passivo: impiegare del lavoro per creare un valore che produca autonomamente una rendita periodica. Come possiamo vedere, il reddito passivo non è del denaro che arriva gratuitamente: in ogni caso sarà necessario fare un qualche tipo di investimento in termini di denaro o di lavoro impiegato (o di entrambi). Quello che differenzia i redditi passivi da altri redditi derivanti da attività professionale "ordinaria" è la forte riduzione del rapporto proporzionale tra lavoro impiegato e reddito ottenuto. In altre parole, il guadagno non deve essere necessariamente elevato in valore assoluto, ma lo deve essere rispetto al tempo impiegato per ottenerlo.

Ci sono tre modalità di utilizzo di un valore che possono essere considerate per creare un reddito passivo.

Innanzitutto si può vendere un valore. Nella vendita si ottiene del denaro ogni volta in cui il valore viene traferito. Ad esempio, una consulenza professionale è un modo per vendere valore. Tuttavia, in termini di reddito passivo non è lo strumento migliore in quanto sarà di volta in volta necessario impiegare tempo e lavoro per fornire i miei servizi ai vari clienti. Diverso è il caso in cui si riesca a trasferire la propria consulenza in un libro o in un prodotto digitale (e-book, video-corso etc.). In questo caso, potrò vendere più volte il mio valore senza doverlo realizzare per ogni transazione.

Si può anche affittare un valore: invece di vendere un bene, lo metto a disposizione per un certo periodo di tempo a diversi utilizzatori. In questo modo il valore viene conservato e, potenzialmente, mi permette di ottenere un guadagno per un periodo di tempo prolungato (la cui durata dipende dalla degradabilità del bene stesso).

Infine, si può guadagnare con un valore indiretto. La differenza con la vendita o l'affitto del valore sta in alcuni aspetti essenziali. Ad esempio se io creo un giornale online di successo, il valore del mio prodotto sta nelle informazioni in esso contenute. Il mio pubblico non paga per questo valore in quanto le informazioni sono liberamente accessibili da tutti. Tuttavia, si va a creare il valore indiretto rappresentato dall'attenzione e dal traffico generati dall'utenza. Posso, quindi, alienare questo valore agli inserzionisti pubblicitari i quali acquistano spazi all'interno del mio giornale per dare visibilità ai loro prodotti.

Ci sono vari metodi per creare un valore. La chiave è sapere trovare un metodo che abbia un rapporto ottimale costi/benefici: è necessario costruire un valore che, una volta ottenuto, sia facilmente trasferito in maniera ripetuta col minor tempo e minima quantità di lavoro possibile. Questo è il significato che dobbiamo dare al termine "passivo": creare reddito facendo il meno possibile.

Nei prossimi capitoli ci occuperemo di analizzare vari metodi per creare questa tipologia di rendite.

CAPITOLO 3

Vendita di prodotti

Il mondo digitale ci offre svariate opportunità per creare dei redditi passivi. Riprendendo un esempio già fatto in precedenza, se ho una buona conoscenza di un certo settore posso pensare di trasferire le mie competenze in un prodotto digitale come un e-book e un video corso. Una volta realizzato il prodotto non dovrò fare ulteriore sforzi per replicarlo e venderlo ad altre persone.

Questa è una logica peculiare dei prodotti digitali che non può essere replicata con altre tipologie di prodotti. Se sono bravo nel lavoro a maglia, ad esempio, posso vendere ciò che produco con la mia forza lavoro; tuttavia, realizzare un indumento a mano necessiterà ogni volta un certo costo in termine di ore di lavoro impiegate e acquisto di materie prime. Inoltre, se ho la necessità di spedire i miei prodotti, dovrò pure imballarli e occuparmi del processo di spedizione, o pagare qualcuno che se ne occupi. Non può, quindi, essere considerato un reddito passivo nell'accezione che abbiamo dato al concetto.

I beni digitali, invece, sono infinitamente duplicabili e trasferibili a costi praticamente nulli; non necessitano spedizione in quanto mi basta creare una piattaforma che possa distribuirli automaticamente o appoggiarmi su una già esistente.

Un'altra opzione può essere quella di creare un software o un'app. Con le conoscenze tecniche e l'idea giusta, si possono realizzare guadagni elevati realizzando un programma informatico scaricabile all'interno di uno dei vari market digitali. Volendo ulteriormente abbassare la quantità di lavoro necessario, una volta ultimata la programmazione e la commercializzazione del prodotto, si può assumere un tecnico che si occupi dell'aggiornamento del software o di intervenire in caso di problemi nel sistema. Vendere prodotti reali invece, come già anticipato, non ha nulla di passivo, a meno che non si riesca a mettere in piedi un'attività completamente automatizzata, dalla produzione fino alla consegna. Questo può essere possibile col moderno metodo di vendita chiamato *dropshipping*: un prodotto viene venduto online senza che sia materialmente in un magazzino di stoccaggio. Il venditore, quindi, vende il bene senza entrarne mai in possesso, facendo semplicemente da tramite fra il fornitore e il consumatore. Questo è possibile perché vi è un accordo commerciale fra venditore (dropshipper) e fornitore in ottica di mutuo vantaggio: il fornitore mette a disposizione il bene, mentre il venditore si occupa di dargli visibilità tramite la sua piattaforma online. Facendo un esempio pratico, in una piattaforma di e-commerce l'utente non compra il prodotto direttamente dal negozio online. La merce è in mano al fornitore il quale riceverà l'ordine e si occuperà della spedizione. In questo meccanismo, il dropshipper è solo un intermediario.

Con uno strumento del genere, si può mettere in piedi un negozio online completamente automatizzato che, col giusto lavoro di marketing e di scelta di fornitori, potrà offrire al titolare una prolungata rendita passiva.

O ancora, si può organizzare una struttura di Network Marketing. Si tratta di un metodo di distribuzione multilivello in cui degli agenti di commercio sono stimolati, a loro volta, a creare una rete di venditori che lavorino alle loro dipendenze. Con questo metodo, un agente guadagna una percentuale sulle vendite effettuate da lui e dai suoi dipendenti.

Il network marketing nasce nel 1934 in

un'azienda di vitamine californiana, la prima ad investire su una grande rete di venditori. In questo sistema, la forza lavoro che si occupa della distribuzione viene retribuita con un sistema di commissioni di tipo piramidale. Ogni venditore guadagna una percentuale sulle vendite effettuate dalla sua rete.

Creando, quindi, una buona struttura di venditori si può potenzialmente costruire una rendita passiva con questo strumento. Anche qua, è necessario un certo lavoro preparatorio. Innanzitutto, bisogna individuare la giusta azienda: il prodotto deve essere qualcosa da poter piazzare all'interno di una buona fetta di mercato. Poi, si dovranno acquisire le giuste competenze di venditore. Anche con un buon talento naturale per le vendite, sarà necessario scoprire i cosiddetti "trucchi" del mestiere.

Una volta studiato il mercato ed esplorato il funzionamento della professione, si potrà costruire il proprio giro di clienti. A questo punto, per trasformare il mio reddito in una rendita passiva, dovrò riunire un team di venditori affidabili. In questo, sarà fondamentale, in primo luogo, scegliere le persone giuste: la chiave è trovare dei subordinati che siano già, o potranno diventare, dei buoni venditori. Una volta comprese le qualità che bisogna avere per essere un venditore di successo, non sarà difficile individuarle in altre persone.

Dopo aver reclutato le persone giuste, è necessario formare i propri collaboratori in modo che le mie competenze diventino le loro.

Alla fine di questo lavoro preparatorio, si potrà dismettere il ruolo di venditore attivo e godersi la rendita ottenuta dalla percentuale sulle vendite del mio team.

CAPITOLO 4

Brevetti e diritti d'autore

Se, tramite il mio ingegno, riesco ad inventare qualcosa di innovativo o sono in grado di produrre materiale artistico di livello (libri, canzoni, film, opere teatrali etc.), potrò ottenere una rendita continuata nel tempo tramite la mia cosiddetta proprietà intellettuale. E questo discorso si intreccia con quello che abbiamo già detto sui prodotti digitali: mettendo in commercio un prodotto come un e-book o un software, avrò bisogno necessariamente di una tutela giuridica che impedisca che la mia invenzione venga "rubata" e sfruttata economicamente da qualcun altro.

La proprietà intellettuale può essere letteraria o artistica e industriale.

Per quanto riguarda la proprietà letteraria o artistica, essa ha ad oggetto il "le opere dell'ingegno di carattere creativo che appartengono alle scienze, alla letteratura, alla musica, alle arti figurative, all'architettura, al teatro e alla cinematografia, qualunque ne sia il modo o la forma di espressione" (art. 2575 Codice Civile). Una volta realizzato un prodotto artistico, acquisterò il mio diritto esclusivo di pubblicare l'opera e di utilizzarla economicamente in ogni forma e modo. Tale diritto dura per tutta la vita dell'autore, fino a 70 anni dalla sua morte. Dopodiché l'opera diventa di pubblico dominio, cioè chiunque può sfruttare economicamente il prodotto, fatta salva la chiara attribuzione della paternità.

La tutela del diritto d'autore è assicurata sia dalla possibilità di ricorrere in giudizio in caso di violazione della proprietà intellettuale, sia tramite un ente pubblico che prende il nome di S.I.A.E. (Società Italiana Autori ed Editori) il quale si assicura che gli autori vengano retribuiti per le riproduzioni che vengono effettuate delle loro opere.

L'autore può in prima persona vendere le riproduzioni del proprio prodotto artistico, o, come avviene più di frequente, affidarsi ad un editore, il quale retribuirà l'artista per poter pubblicare, a sue spese, l'opera dell'artista. O ancora, l'autore può alienare la facoltà di rappresentare in pubblico un'opera drammatica, drammatico-musicale, coreografica o qualsiasi altra opera destinata alla rappresentazione.

Il brevetto, invece, riguarda un'idea innovativa destinata ad avere un'applicazione industriale (definita invenzione). In questo caso, l'inventore ha il diritto esclusivo di attuare l'invenzione e di trarre profitto da essa, a cui si aggiunge il diritto di vietarne, salvo l'autorizzazione del titolare stesso, di produrre, usare, mettere in commercio il prodotto in questione. La registrazione del brevetto presso la Camera di Commercio conferisce al titolare questo diritto di utilizzo esclusivo. La tutela giuridica dura 5 anni ed è prorogabile fino ad un massimo di 25 anni. Ad esempio, se invento un macchinario innovativo per la spremitura degli agrumi, posso vendere ad un'azienda la facoltà di produrre e commercializzare il prodotto, ottenendo, così, una rendita periodica senza aggiungere ulteriore sforzo al mio lavoro iniziale.

Le somme pagate a chi detiene i diritti delle creazioni quando queste vengono vendute, distribuite, integrate in altri media o monetizzate in qualsiasi altro modo sono chiamate *royalties*.

Vediamo, quindi, come sia possibile utilizzare un prodotto del nostro ingegno per creare una rendita prolungata nel tempo.

CAPITOLO 5

Investimento immobiliare

Un modo per creare una rendita continuata nel tempo è quello di affidarsi al più classico degli investimenti, cioè il "mattone". Ovviamente acquistare un immobile non è un'operazione da poco in termini di capitale investito e di ricerca dell'immobile che possa generare il giusto flusso finanziario; a meno che, ad esempio, non lo si riceva in eredità da qualche parente.

Ci sono 4 elementi che devono essere presi in considerazione per un investimento immobiliare:

1. Il reddito automatico
2. Ammortamento
3. Debito leva
4. Apprezzamento o deprezzamento

La cattiva notizia è che se per i primi tre

punti sarà possibile fare dei calcoli più o meno precisi; non sarà, invece, possibile fare una pianificazione riguardo l'apprezzamento dell'immobile. Ed è su questo punto che molte persone hanno visto fallire i propri investimenti, a seguito di una decennale crisi del settore immobiliare.

Tuttavia, calcolando il flusso di cassa (*cash flow*) generato dalla messa a reddito del bene, sarà possibile prevedere in quanto tempo l'investimento sarà ammortizzato e se il debito produrrà una leva positiva o meno.

Per cui, la fluttuazione dei prezzi all'interno del mercato immobiliare non sarà un elemento da prendere necessariamente in considerazione. Una strategia efficace è quella di concentrarsi sulla rendita più che sulla rivalutazione (*capital gain*).

Per quanto riguarda la rendita, l'immobile dovrà essere in grado di generare un flusso di cassa sufficiente per pagare tutte le spese (comprese le rate di un eventuale mutuo), le tasse, per mettere da parte un fondo per gli interventi imprevisti, e, infine, creare una quota di guadagno netto.

Molte persone, invece, acquista un immobile per poi rivenderlo e ottenere un profitto dall'apprezzamento. In questo caso, il prezzo di acquisto e il momento di entrata nel mercato è tutto. Ed è estremamente difficile fare delle scelte ottimali in merito. Prendiamo il caso della bolla del mercato immobiliare statunitense (2003/2008). In quegli anni, negli Stati Uniti vi era l'abitudine di acquistare beni immobili, senza la pretesa di creare redditi automatici. La concessione di mutui ad alto rischio, ossia a clienti che in condizioni normali non avrebbero ottenuto un prestito, ha spinto in alto il prezzo delle abitazioni. Questo fu favorito anche da una politica accomodante della FED, la quale mantenne i tassi di interesse bassi a seguito della bolla di Internet del 2001, andando a stimolare ulteriormente la domanda immobiliare. Quando la FED iniziò ad alzare i tassi di interesse nel 2004, sempre più famiglie non riuscirono a restituire le rate dei mutui. La domanda di abitazioni si contrasse facendo scoppiare la bolla immobiliare. Alla fine, molti investitori si ritrovarono con un immobile che valeva molto meno rispetto al prezzo di acquisto, con tanto di mutuo, manutenzione e tasse da pagare.

La morale è che nel campo degli investimenti immobiliare è necessario creare un flusso di cassa, anche se si ha intenzione di rivendere il bene. Avere una rendita dall'immobile è utile per ottenere dei guadagni mentre si aspetta il momento propizio per piazzare il bene sul mercato. Inoltre, gli immobili capaci di dare una buona rendita sono, solitamente, anche quelli che hanno una valutazione migliore in caso di vendita.

Per fare questo tipo di investimenti, a meno

che non si sia già in possesso di un immobile a mettere a reddito, in genere si usa lo strumento del "debito leva": contraggo un debito per acquistare un bene che mi servirà ad ottenere guadagni. Affinché il debito sia una vera e propria leva finanziaria, il reddito mensile dell'immobile deve essere tale da coprire le spese del mutuo, un fondo per le spese di manutenzione e le tasse. Ovviamente, più è bassa la rata del mutuo rispetto all'importo ottenuto mensilmente dall'immobile, minore sarà il tempo necessario per rientrare dal prestito e ottenere i guadagni netti.

Facciamo un esempio numerico. Diciamo che ho 20 000 euro da investire e voglio prendere in prestito 80.000 euro al 5% per l'acquisto di un immobile del valore di 100 000 euro. In linea teorica, quindi, ogni anno, tra capitale e interessi, dovrò sborsare 4.000 euro. Questi dovrebbero essere pagati dall'importo percepito dall'immobile acquistato. Tale reddito, per ottenere una buona leva, dovrebbe aggirarsi intorno ai 10 000 euro.

A questo punto mi restano solo 6.000 euro del capitale inizialmente investito, ma è anche vero che anziché aver sborsato 100.000 euro, ne ho investiti personalmente solo 20.000. Così quei 6.000 euro sui miei 20.000 euro sono più del 25%. Ora, consideriamo che sono fortunato e la proprietà si rivaluta del 10% in pochi anni. Il 10% di aumento equivale a un ritorno del 10% sul capitale. In questo caso tramite lo strumento del debito leva farei un notevole extra gain perché quei 10.000 euro di rivalutazione dovrei conteggiarli sui soli 20.000 euro che ho investito direttamente e non sui 100 000 complessivi dell'operazione (un ritorno del 50% sul capitale anziché del 10%). Per cui potrò ottenere il 10% di 100000, avendone investiti direttamente solo 20 000. È questo il vero potere del debito leva. Inoltre, nel corso dei dieci anni che ho atteso per la rivalutazione, il cash flow del bene mi avrà aiutato a rientrare dalle spese del prestito, della manutenzione e della tassazione; e, se ho fatto davvero un buon affare, mi avrà permesso di ottenere anche un profitto netto.

Come detto prima, in questo esempio si è ottenuto un buon apprezzamento sul valore del bene, ma, in genere, in quest'ambito è estremamente complicato fare delle previsioni affidabili. Tuttavia, avendo impostato un buon affare dal punto di vista del flusso di cassa periodico, potrò aspettare il momento idoneo per vendere il bene senza dovermi preoccupare di non rientrare dall'investimento.

Ci sono diversi modi di mettere a reddito un immobile. Si può dare in locazione ad inquilini stabili per un lungo periodo di tempo. Oppure, se si trova in una località turistica, si può decidere di organizzare una casa vacanze o un bed and breakfast, anche utilizzando le varie piattaforme online nate negli ultimi anni (es. Booking o Air BnB). Ovviamente, minore sarà il periodo di utilizzo medio dell'immobile, maggiore sarà la quantità di lavoro da impiegare. Se do in locazione il mio appartamento per un lungo periodo non dovrò far altro che occuparmi di eventuali opere di manutenzione straordinaria e cercare altri inquilini nel caso la locazione alla scadenza non venga rinnovata. Di contro, per una casa vacanza data in locazione, mettiamo, settimanalmente, dovrò di frequente occuparmi dei check in e dei check out, trovare qualcuno che provveda alle pulizie, soddisfare le varie richieste provenienti da molti clienti nel corso di una stagione. Se i guadagni sono abbastanza alti, questo inconveniente può essere risolto dall'assunzione di qualcuno che gestisca il flusso di clientela.

CAPITOLO 6

Investimenti finanziari

Azioni, obbligazioni, quote di fondi di investimento, possono creare delle fonti di reddito passivo. Prima di capire quali modalità di investimento sono più opportune per creare una rendita del genere, è necessario dare qualche informazione preliminare riguardo alcuni dei più importanti prodotti messi a disposizione dall'ormai estremamente variegato mercato finanziario.

Nell'infinito catalogo di attività finanziarie tra cui poter scegliere, possiamo indicare 5 prodotti più rilevanti: depositi bancari, titoli, azioni, fondi di investimento.

 Gli investitori per ciascun prodotto finanziario deve tener conto di alcune caratteristiche fondamentali: il rendimento, il rischio, la liquidità (la facilità di trasformare l'investimento in denaro) e l'imposizione fiscale.

Il deposito bancario è un investimento semplice e, tendenzialmente, a basso rischio, perché di solito è lo stesso Stato a garantire i depositi anche in caso di fallimento della banca. Con un contratto di deposito il cliente trasferisce alla banca una certa somma di denaro. La banca si obbliga di restituire il deposito in uno dei tre seguenti modi:

- A scadenza fissa: la restituzione avviene alla scadenza di un termine concordato al momento della stipulazione del contratto.
- Con preavviso: la consegna del denaro avviene dopo un certo periodo a partire dal momento in cui il cliente fa richiesta di restituzione.
- A vista: La somma viene consegnata appena il depositante ne fa richiesta.

La banca si obbliga a restituire la somma depositata più un certo ammontare di interessi, di solito maggiore per i depositi a scadenza fissa, minore per quelli con preavviso e ancora minore per quelli a vista. Le banche possono emettere anche dei titoli di deposito con i quali si può facilmente trasferire il diritto a ritirare la somma depositata. In caso di titolo nominativo basterà iscrivere l'avvenuto trasferimento di proprietà (con la cosiddetta girata). Per i titoli al portatore, invece, sarà sufficiente consegnare fisicamente il documento alla persona alla quale vuole si vuole trasferire il diritto.

I titoli sono metodi di finanziamento di aziende e di governi. Altro non sono che obbligazioni con la quale chi prende in prestito si impegna a pagare il soggetto finanziatore restituendo la somma ricevuta più un certo tasso di interesse. Il soggetto debitore accetta di pagare il creditore con un rendimento fisso e a scadenze prefissate. Un titolo decennale con un tasso di interesse del 10% renderà 1000 euro ogni anno e 10 000 a fine prestito. I titoli possono essere a breve termine o a lungo termine (se hanno una scadenza superiore ai dieci anni).

I titoli potrebbero sembrare un investimento sicuro in quanto il risparmiatore sa ex ante quanto riceverà a fine prestito. Ma bisogna considerare la possibilità, soprattutto nei titoli a più lunga scadenza, che l'ente che ha emesso il titolo fallisca prima della scadenza del prestito. Inoltre, prima della fine del titolo l'investitore potrebbe aver bisogno di vendere il titolo. Nel caso in cui il tasso di interesse per il titolo sia diminuito, mettiamo sia passato dal 10% al 5%, allora il titolo acquistato al tasso di interesse maggiore aumenterà il suo valore, in quanto chi vorrà investire sullo stesso titolo ora potrebbe ottenere solo metà rispetto al precedente tasso di interesse. Il contrario avviene se, durante la decorrenza del titolo, questo aumenti il suo tasso di interesse. Anche a causa di questa incertezza riguardo l'andamento del valore del titolo, i titoli a lungo termine saranno più rischiosi di quelli a breve termine. Per questo i titoli con scadenze più lunghi hanno mediamente dei rendimenti più elevanti: il maggiore rischio deve essere sempre compensato da un maggiore guadagno.

Si può investire anche in azioni, cioè in quote di partecipazione di un'azienda (società per azioni). Comprando azioni, quindi, si diviene proprietario di parte di un'impresa.

In primo luogo, un investimento in quote azionarie è remunerativo perché le società pagano parte dei loro profitti direttamente agli azionisti (dividendi). In secondo luogo, chi acquista delle azioni può sperare che aumentino di valore per poi venderle ad un prezzo più altro rispetto a quanto si sono acquistate.

Le azioni sono più rischiose dei titoli obbligazionari perché i profitti di un'impresa sono molto variabili, per cui il risparmiatore non sa quanto potrà guadagnare dalla somma investita. Inoltre, in caso di fallimento i titoli di debito sono maggiormente garantiti rispetto alle quote azionarie (anche in caso di intervento dello Stato).

Un fondo di investimento raccoglie denaro dai vari risparmiatori per convogliarlo in un fondo comune. Un fondo di investimento monetario investe le sue risorse solo in certificati di deposito e altre attività a basso rischio (titoli di stato). Il vantaggio di uno strumento del genere è che offre un investimento sicuro (anche se la garanzia non può essere assoluta) e con bassi costi di gestione. Tuttavia, la remunerazione è bassa per cui spesso non sono usati tanto come forma di investimento, ma come luogo dove parcheggiare una certa liquidità.

Esistono poi dei fondi che investono prevalentemente in titoli azionari (fondi azionari), con un grado di rischio maggiore, ma con profitti potenziali più elevati rispetto ai fondi monetari.

Infine, possiamo citare i fondi obbligazionari, che investono principalmente in titoli di stato e obbligazioni; e i fondi bilanciati, che investono in maniera bilanciata sia in azioni che in obbligazione, con un grado di rischio che aumenta al crescere della quota di investimento riservato ai titoli azionari.

La struttura giuridica del fondo è quella della società per azioni, denominata società di gestione, costituita con i capitali degli investitori. La società di gestione promuove la costituzione del fondo e gestisce gli investimenti in strumenti finanziari. Queste due funzioni possono essere anche separate: una società promuove la costituzione del fondo (società promotrice) e affida la gestione ad un'altra compagnia (società di gestione) per amministrare gli investimenti.

A seguito dell'attività del gestore, rientrano a far parte del fondo, oltre le somme versate dai risparmiatori, gli strumenti finanziari e gli altri beni acquistati con tali somme, i ricavi, i dividendi e ogni altro provento derivante da questi beni.

Ciascun fondo comune ha un patrimonio autonomo, separato da quello della società di gestione e da quello dei singoli investitori. Questo patrimonio è depositato presso una banca, definita banca depositaria.

Oltre alle tipologie già esaminate, possiamo suddividere i fondi in aperti e chiusi.

I fondi aperti sono possibili solo se l'oggetto dell'investimento è costituito da strumenti finanziari. Questi fondi sono aperti in quanto è consentito un veloce disinvestimento ai risparmiatori: è possibile chiedere in qualsiasi momento il rimborso delle quote.

I fondi chiusi sono legati ad investimenti durevoli, i quali necessitano un certo periodo di tempo per il disinvestimento (es. l'acquisto e la successiva vendita di beni immobili). In queste strutture è possibile richiedere il rimborso della quota solo al termine di durata del fondo.

L'investitore, poi, potrà investire il proprio capitale in strumenti più complessi chiamati strumenti derivati. Sono definiti tali in quanto il loro valore deriva dal prezzo di un prodotto sottostante, da cui dipendono.

. Generalmente, si riconducono tre finalità a questo tipo di prodotti:

•Copertura (*hedging*): ridurre il rischio di un portafoglio preesistente.

•Speculativa: esporsi al rischio per ottenere un maggiore profitto

•Arbitraggio: conseguire un profitto privo di

rischio tramite delle operazioni combinate sul derivato e sul prodotto finanziario sottostante.

I principali prodotti derivati sono gli swap, i futures e le options.

Gli swap (cambio) principalmente vengono effettuati su valute e tassi di interesse. Negli swaps sui tassi di interesse, due parti indebitate con terzi a tassi d'interesse differenti (ad esempio una a tasso fisso e una a tasso variabile) si impegnano, alla scadenza di ciascun periodo di maturazione, a regolare fra loro la differenza fra i due ammontari. Questo viene giustificato dal fatto che il soggetto addebitato a tasso fisso può temere un abbassamento dei tassi, mentre il soggetto addebitato a tasso variabile si preoccupa di un innalzamento. Negli swaps su valute, le parti prendono come riferimento il rapporto di cambio fra due valute (nazionale e straniera) e si obbligano a regolare fra di loro la differenza tra il valore di cambio concordato e il valore in vigore alla data di scadenza del contratto. Una parte può essere un importatore con una scadenza futura in moneta estera; l'altra parte, invece, un esportatore con un credito a scadenza futura nella stessa moneta estera. In questo modo viene eliminato il rischio in quanto la parte che, per effetto del deprezzamento di una valuta, aveva subito un danno riceve dall'altra, che invece aveva ottenuto un profitto dal medesimo deprezzamento, una somma uguale alla perdita.

Altro strumento è il future, col quale le parti si obbligano, alla scadenza di termine, a scambiare una certa quantità di sottostante (attività finanziaria o merci) ad un prezzo prefissato. In questo caso le due parti puntano su un evento opposto: il venditore spererà in un deprezzamento rispetto al costo fissato; il compratore, invece, in una crescita del valore del sottostante. Una categoria analoga è quella dei forwards che, a differenza dei futures, non sono negoziati all'interno dei mercati regolamentati.

L'ultimo prodotto da esaminare è rappresentato dalle options. Con questi contratti viene attribuito il diritto (non l'obbligo come nei futures) di acquistare, o vendere, un certo bene sottostante ad un prezzo prefissato. Se il diritto deve essere esercitato entro una certa data, avremo un'opzione americana; se, invece, il diritto deve essere esercitato alla scadenza di un certo termine, sarà un'opzione europea. Simili alle options sono i *covered warrants*. A differenza delle opzioni, che sono contratti tra investitori, i covered warrants sono titoli che incorporano un'opzione emessa da emittenti qualificati come banche o imprese di investimento.

CAPITOLO 7

Come creare una rendita da investimenti finanziari

Un'opzione per creare una rendita tramite gli strumenti finanziari è quella di puntare ai dividendi provenienti da titoli a basso rischio.

Innanzitutto, bisogna dire che non esistono degli investimenti a basso rischio e ad alta rendita. Diffidate da qualsiasi guru della finanza che vi propone un affare del genere. La rendita di un prodotto finanziario serve proprio per remunerare il rischio che il risparmiatore si prende facendo un certo investimento. Maggiore è il rischio, quindi, maggiore è la rendita potenziale a cui l'investitore può aspirare.

È possibile organizzare un portafoglio a

basso rischio che dia una rendita prolungata nel tempo. Tuttavia, alla luce di quello che si è precedentemente detto, si dovrà anche accettare di non ottenere un profitto elevatissimo, perlomeno nel breve termine. Una volta accettate queste condizioni, si dovrà procedere nel seguente modo:

- Individuare aziende affidabili che durano nel tempo.
- Acquistare azioni di aziende dal "capitale efficiente" che offrono costantemente dividenti ai propri azionisti.
- Gestire in modo adeguato i dividenti ottenuti.
- Investire con costanza e oculatezza.

Acquistare quote di società con capitale efficiente significa guardare a quelle aziende beni/prodotti/servizi con un ciclo di vita molto lungo e che sono in grado di incrementare il loro valore anno dopo anno.

La chiave sta nell'individuare le aziende che hanno buone prospettive per i prossimi decenni. Società su cui poter investire costantemente, specie quando ci sono dei prezzi di mercato convenienti.

Questo è un approccio semplice e anche poco rischioso, che eviterà di buttare alle ortiche il proprio capitale di investimento. Ad esempio, Warren Buffet è diventato uno degli investitori più di successo della storia, oltre che uno degli uomini più ricchi al mondo, acquistando titoli giusti al momento giusto. Buffet ha acquistato la sua quota di Coca Cola tra il 1987 e il 1989 con un investimento pari al 60% del suo portafoglio dell'epoca. Buffet sapeva che la società su cui stava investendo aveva un capitale efficiente e che la sua espansione all'interno di nuovi mercati sarebbe continuata nei decenni successivi: già all'epoca Coca Cola vendeva il 44% delle bevande analcoliche di tutto il mondo; la forza del brand, unita alle caratteristiche dei prodotti e alla struttura di distribuzione, davano all'azienda un vantaggio competitivo enorme rispetto agli altri agenti del mercato.

Il problema di queste aziende è che, essendo dei soggetti economici in continua crescita, è difficile trovare dei prezzi di mercato interessanti. Una soluzione potrebbe essere quella di redigere una lista di società i cui prodotti/servizi siano particolarmente apprezzati e sia probabile che mantengano il loro status all'interno del mercato ancora per molti anni. Una volta fatto questo, sarà più facile monitorare i prezzi dei loro prodotti finanziari in maniera tale da poter decidere quando alzare la posta o reinvestire i dividendi già incassati. Investire costantemente sulle stesse aziende permette di essere sistematico e più attento a possibili affari.

Una volta chiarito questo, è necessario dire che se, da un lato, è una buona idea tenere d'occhio una certa tipologia di aziende (per affidabilità del brand o forza all'interno del mercato), dall'altro, diversificare gli investimenti rimane comunque una strategia fondamentale per limitare i rischi. Insomma, bisogna evitare di puntare tutte le proprie risorse (o una buona parte) su un cavallo solo. L'ideale sarebbe scegliere investimenti diversi fra loro sia per emittente, che per scadenza e settore economico di riferimento.

CAPITOLO 8

Peer-To-Peer lending

Il P2P Lending è un tipo di investimento finanziario che si è affermato negli ultimi anni. Si tratta di uno strumento che permette l'erogazione di prestiti tra privati, senza la tradizionale intermediazione bancaria. Normalmente, questo avviene attraverso l'utilizzo di piattaforme digitali, le quali si occupano di mettere in contatto i soggetti alla ricerca di finanziamenti e i risparmiatori disposti ad investire in attività altrui.

Il funzionamento è quello classico degli strumenti finanziari: da un lato, ci sono privati o imprese che necessitano fondi; dall'altro, vi sono investitori retail o istituzionali con un certo capitale da impegnare. Il tasso di interesse è tanto più alto, quanto più è elevata la probabilità di

fallimento dell'attività su cui si investe.
Lo strumento del P2P lending assicura
alcuni vantaggi. In prima istanza, viene
offerta alle aziende un facile accesso al
credito: rispetto le procedure di
finanziamento tradizionali un prestito peer-
to-peer ha una maggiore snellezza riguardo
la burocrazia e le garanzie da dover
prestare. Tuttavia, questo determina anche
una minore tutela in caso di default
dell'azienda su cui si è investito.
Solitamente, il prenditore paga un tasso di
interesse notevolmente più basso rispetto i
normali crediti al consumo, ma più alto
rispetto alle tradizionali forme di
finanziamento a medio termine. Il
prestatore e il richiedente, infatti, vengono
messi in contatto direttamente dalla
piattaforma online, per cui i costi di
intermediazione sono molto più bassi
rispetto ad un normale istituto creditizio.
I prestiti avvengono all'interno di un
mercato non regolamentato per cui, in caso

di fallimento della piattaforma, i prestatori si ritroveranno senza garanzie. Inoltre, gli intermediari di questo settore, alla luce della mancanza di regolamentazione, sfuggono agli obblighi di trasparenza e liquidità che normalmente sussistono nei confronti degli operatori finanziari.

Gli interessi alti per questo tipo di prestiti, quindi, sono giustificati sia dall'organizzazione agile delle piattaforme di intermediazione (se confrontati con gli ordinari istituti di credito), sia per il maggior rischio che chiaramente deriva da un investimento all'interno di un settore non regolamentato.

Rispetto alla tipologia di investimenti trattati nello scorso capitolo, qua ci troviamo di fronte ad uno strumento più rischioso sul quale basare una rendita passiva. Nonostante la possibilità di diversificare su diverse piattaforme e i tassi di interesse potenzialmente elevati, il settore è pieno di potenziali truffe.

CAPITOLO 9

Blog, YouTube, Materiale informativo

Abbiamo già accennato come sia possibile creare una rendita realizzando un canale di informazione gratuito con la finalità di vendere degli spazi pubblicitari. In questo capitolo, andremo a vedere meglio come sfruttare questa opportunità.

Creare un blog, un canale Youtube o un qualsiasi spazio di contenuti informativi, possono rientrare all'interno della macrocategoria del blogging. Ovviamente, ogni strumento comunicativo, che sia esso un blog, un sito internet o un canale social, ha diverse modalità di fruizione e per ciascuna piattaforma servirà una strategia diversa per inserirsi all'interno del mercato. Tuttavia, potrà essere fatto un discorso generale riguardo quelle che sono le possibilità di guadagno per una qualsiasi attività di blogging.

Innanzitutto, bisogna dire che un canale di comunicazione non chiude mai. Esso rimane aperte 24 ore su 24, 7 giorni su 7, per cui anche le possibilità di monetizzazione non si interrompono mai. Se si riunisce un pubblico globale, posizionato in diversi fusi orari, si potrà letteralmente guadagnare mentre si dorme.

Pianificando una buona strategia SEO e lavorando con servizi come *Google Ads,* i motori di ricerca lavoreranno autonomamente per creare il tuo pubblico. Ancora prima di lavorare sul posizionamento del canale all'interno del web, però, sarà necessario realizzare una quantità di contenuti tale da riuscire ad arrivare a una buona quantità di fruitori. Il pubblico, inoltre, deve raggiungere certi numeri, ma anche essere costante nel corso del tempo, per questo sarà necessario fidelizzare una certa community attorno al prodotto.

Raramente il blogging ha una finalità primariamente commerciale. Come già detto, lo scopo sarà quello di creare un canale di informazione capace di generare un valore indiretto, rappresentato dal flusso costante di utenti. Una volta ottenuto questo, sarà possibile vendere questo valore per finalità commerciali.

L'obiettivo principale, quindi, deve essere quello di informare o intrattenere il pubblico. Solo in un secondo momento si potrà lavorare per offrire servizi collegati coerenti col proprio profilo.

La chiave di tutto è quella di far crescere l'affidabilità del proprio brand, in maniera tale che le persone che seguono l'attività di blogging siano più propense ad accettare consigli e raccomandazioni. Per fare ciò, si dovranno produrre contenuti interessanti e di alta qualità.

Ovviamente, questa non è un'attività accessibile a tutti. Si deve, intanto, essere degli ottimi conoscitori di un certo settore.

Se ho intenzione di aprire un canale Youtube sul cinema, ad esempio, dovrò avere una vasta conoscenza della Settima Arte per risultare credibile al mio pubblico. Inoltre, è necessario avere delle conoscenze tecniche per utilizzare al meglio un certo strumento comunicativo; o comunque creare un team di supporto idoneo allo scopo. Se intendo creare un blog, avrò bisogno di un web developer che renda il mio sito accattivante, come dovrò avere delle capacità di scrittura per dare una buona forma ai miei contenuti. Se voglio realizzare dei video da caricare sul web, dovrò essere capace di girare e montare un prodotto audio-visivo di qualità.

Una volta messo su il progetto e riunita una community affiatata, ci sono diversi modi per monetizzare il mio lavoro.

L'*affiliate marketing* è uno dei modi per creare un reddito da questo tipo di lavoro. È possibile prendere accordi con imprese che commercializzano prodotti coerenti con i contenuti della mia attività di blogging. In questo modo, è possibile guadagnare una percentuale sulle vendite che l'azienda farà grazie al pubblico indirizzato tramite il mio canale. Ad esempio, se ho un blog che si occupa di tecnologia, posso fare un accordo di affiliazione con un'azienda tech. Tramite sconti offerti dall'impresa (magari creando dei codici personalizzati) e grazie alla mia reputazione, potrò spingere il mio pubblico ad acquistare i prodotti del mio partner commerciale.

Oppure, è possibile creare un negozio digitale in cui vengono commercializzati dei prodotti o dei servizi a pagamento. Ad esempio, si può organizzare un merchandise o vendere dei contenuti a pagamento di qualità più elevata rispetto a quelli offerti gratuitamente.

Una volta creata la propria credibilità, vi sono diversi modi per poterla utilizzare con finalità commerciali: posso creare un contenuto editoriale come un libro o un e-book; come posso fornire dei servizi di consulenza alle aziende che reputano utile la mia conoscenza del settore in cui opero; o, ancora, creare una newsletter in cui aggiorno settimanalmente i miei iscritti riguardo le novità del momento.

Realizzare un progetto del genere richiede molto tempo, per cui ci si può domandare come sia possibile creare una rendita da un'attività di blogging.

Come sappiamo, si ha un reddito passivo quando i guadagni sono elevati rispetto al tempo impiegato. Per fare ciò, è necessario delegare delle funzioni all'interno della mia attività. Una volta creato un prodotto di successo, ad esempio, c'è chi ha coinvolto nei propri progetti degli scrittori, per preoccuparsi esclusivamente di investire il proprio tempo nel posizionamento sui motori di ricerca, rilevando le parole chiave per avere i giusti argomenti da trattare. Altri fanno esattamente il contrario: delegano il lavoro di SEO per occuparsi solo del lavoro creativo. Altri ancora non fanno né l'uno né l'altro, cioè hanno delegato l'intero processo produttivo; creando, così, una vera e propria rendita passiva.

CAPITOLO 10

Sharing economy

La *sharing economy* è un tipo di economia collaborativa basata sulla condivisione di beni *peer-to-peer*. Come abbiamo già visto per i prestiti, si ha un rapporto peer-to-peer quando vi è un rapporto di scambio fra privati di tipo orizzontale. Il primo esempio di sharing economy può essere individuato nel sito eBay, il sito di vendite e aste online fondato addirittura nel 1995. Questo marketplace di compravendita di oggetti e prodotti viene considerato uno dei primi facilitatori dell'economia della condivisione nell'epoca della trasformazione tecnologica. Un altro esempio è quello della piattaforma online AirBnb, in cui dei privati mettono a disposizione i propri immobili per soggiorni brevi. Queste nuove pratiche commerciali rientrano in quel grande processo di disintermediazione che sta subendo la nostra economia e, in linea più generale, la nostra società. Nella sharing economy non vi è un professionista o un'impresa che offre un certo servizio in maniera verticale ai clienti, ma dei privati che mettono a disposizione dei loro beni ad altri consumatori disposti ad usufruirne per un certo periodo di tempo. A volte (come nel caso di AirBnb) vi può essere un'app che si occupa di mettere in contatto i privati e moderare i rapporti contrattuali, altre volte questo può avvenire senza alcun tipo di intermediazione.

Bisogna dire che con sharing economy, negli ultimi, si è intesa una gamma molto ampia di sevizi e questo ha portato allo sviluppo di varie sottocategorie: da peer-to-peer economy a economia collaborativa, da gig economy a economia on-demand fino a consumo collaborativo. Rientrano nel concetto di sharing economy anche i fattorini che operano su piattaforme come

Deliveroo e JustEat; o anche gli autisti che mettono a disposizione il proprio mezzo tramite Uber.

Per creare una rendita passiva, l'opzione migliore all'interno di questo mondo variegato è la cosiddetta rental economy, cioè l'economia del noleggio tra privati.

Si è già visto come questo sia un buon metodo per mettere a reddito un proprio immobile, ma il sistema può essere applicato anche con altre tipologie di beni. Ad esempio, una piattaforma chiamate ShareGrid permette di noleggiare la propria attrezzatura fotografica (camera, lenti, etc.) ad altri privati della zona. Se si sono spesi migliaia di euro per acquistare un drone questo può essere uno strumento efficacie per recuperare le spese e, perché no, ottenere anche qualche profitto extra. Ci sono molte persone che necessitano un drone per delle riprese ma non hanno un budget sufficiente per acquistarne uno. Un'altra idea può essere quella di noleggiare l'attrezzatura per sciare. Molte persone vorrebbero andare a sciare ma non hanno intenzione di spendere centinaia di euro per l'attrezzatura. Un noleggio a prezzi più contenuti rispetto a quello effettuato dagli impianti sciistici potrebbe soddisfare le esigenze di una buona fetta di sciatori "occasionali".

O ancora, il sito babyguest.com si occupa del noleggio di attrezzatura per la prima infanzia. Se si vuole viaggiare leggeri ma si ha bisogno di un passeggino a destinazione, grazie a questa piattaforma si può trovare qualcuno disposto a noleggiarlo.

Le applicazioni, come vediamo, sono potenzialmente illimitate. Sta alla originalità di ciascuno individuare un bene da noleggiare (e una piattaforma specifica se ne esiste una) capace di intercettare un bisogno diffuso all'interno della propria zona.

CAPITOLO 11

Attività d'impresa

In Italia siamo abituati all'idea di imprenditore tuttofare, impegnato su ogni fronte, 7 giorni su 7, 24 ore su 24. Riflettendoci un attimo, però, l'attività di impresa è potenzialmente uno strumento da cui può derivare una rendita più o meno passiva.

Per definire, preliminarmente, cos'è un'impresa può essere presa la definizione di imprenditore data dal Codice Civile all'art 2082: "è un imprenditore chi esercita professionalmente un'attività economica organizzata al fine della produzione o dello scambio di beni o servizi".

Da questa nozione emergono diversi punti:

- L'impresa è un'attività, cioè un insieme di atti coordinati per il raggiungimento di un determinato scopo.

- L'attività d'impresa deve essere economica, cioè diretta a produrre beni o servizi.
- L'attività economica d'impresa deve essere esercitata professionalmente, cioè non in modo occasionale e transitorio e quindi realizzi una certa continuità.
- L'attività deve essere organizzata, cioè deve servirsi di mezzi di produzione che abbiano un minimo di complessità.
- Infine, l'attività d'impresa, per essere definita tale, deve essere destinata al mercato, e non esclusivamente al consumo personale dello stesso produttore.

Chiaramente, per tirare su un'organizzazione del genere servirà un grande lavoro di preparazione. Si dovrà studiare il mercato, pianificare una strategia, reperire le risorse necessarie per acquistare i mezzi di produzione; insomma, si dovrà definire un completo business plan e poi metterlo in pratica. Una volta realizzato il progetto e messo in piedi, sarà necessario automatizzare i processi. E abbiamo già visto che per fare questo è meglio puntare su prodotti digitali.

Il processo da seguire, quindi, per un'impresa capace di creare un reddito passivo sarà:

1. Studiare un servizio o un prodotto (preferibilmente digitale) appetibile per il mercato.
2. Impostare un'organizzazione che lo renda fruibile ai consumatori.
3. Creare una struttura di marketing che mantenga vivo l'interesse.
4. Gestire la macchina produttiva col minimo sforzo possibile.

Questo richiede un grosso sforzo da

un punto di vista lavorativo e di studio del mercato nel quale si vuole entrare; ma, una volta fatto ciò, sarà possibile creare un'attività che mi garantisca un certo reddito impiegando una quantità relativamente modesta di lavoro. Bisogna dire che è difficile creare un'azienda completamente automatizzata, per cui, con ogni probabilità, anche dopo aver messo in piedi la struttura, sarà necessario un certo lavoro di cura dell'impresa. Tuttavia, sarà possibile limitare la mole di lavoro creando un team di persone capaci e fidate a cui poter delegare i compiti di gestione.

Se, invece, si vuole radicalmente evitare sia il lavoro di preparazione che il lavoro di gestione, si può pensare di investire il proprio capitale in imprese o start-up già esistenti. In questo modo, si può rinunciare a qualsiasi ruolo operativo per svolgere esclusivamente il ruolo di socio che percepisce gli utili dell'impresa e partecipa alle decisioni in maniera limitata al potere che deriva dalla propria quota societaria.

La mia possibilità di partecipare alle decisioni dell'impresa sarà differente sia in base alla società in cui decido di entrare, sia dall'ampiezza della mia quota societaria. Ad esempio, se ho una quota di azioni in una S.p.a. potrò esercitare il mio potere decisionale all'interno dell'assemblea dei soci votando su tutta una serie di questioni: approvazione del bilancio, nomina e revoca degli amministratori e dei membri del collegio sindacale (organo di controllo amministrativo), determinazione del compenso degli amministratori e dei sindaci; e ancora, potrò votare sulle modifiche dello statuto societario e sulle altre materie espressamente previste dalla legge o dallo statuto stesso.

Chiaramente se la mia quota di azioni è di maggioranza, il mio voto sarà determinante per definire tutte le suddette decisioni; altrimenti, potrò semplicemente concorrere col voto degli altri soci a definire la volontà dell'assemblea nel suo complesso. Oppure, in una società in nome collettivo (società di persone in cui il patrimonio dei soci non è separato con quello della società) il socio non amministratore ha il diritto di:

- Avere dagli amministratori notizie sullo svolgimento degli affari sociali.

- Consultare i documenti amministrativi e le scritture contabili.

- Ottenere un rendiconto degli affari sociali.

Per poter influenzare l'attività amministrativa, inoltre, potrà essere esercitato il potere di revoca sui singoli amministratori.

Lo stesso discorso vale per le tutte le società, anche se poi, per ogni tipologia (S.r.l., S.n.c., S.p.a. etc.) cambiano le regole riguardanti gli organi societari e i poteri dei soci all'interno di essi.

Vi sono diversi modi per entrare all'interno di un progetto imprenditoriale.

Negli ultimi anni, è diventato possibile investire in progetti start-up tramite l'"*equity crowdfunding*". Il termine indica il processo in cui un insieme di persone (*crowd*=folla) investono somme di denaro (*funding*), anche di modesta entità, per finanziare un nuovo progetto imprenditoriale. Il ritorno di questo investimento è rappresentato dal complesso di diritti patrimoniali e amministrativi che derivano dalla partecipazione nell'impresa.

L'Italia è stato il primo paese d'Europa a dotarsi di una regolamentazione specifica per il crowdfunding. È noto, infatti, come il sistema produttivo italiano sia fondato sulle piccole e medie imprese, le quali, dopo la crisi del 2008, hanno incontrato non pochi problemi a ottenere finanziamenti. Da qui, l'introduzione di questo strumento finalizzato ad ampliare le possibilità di riunire finanziatori disposti ad investire in nuovi progetti. In particolare, l'equity crowdfunding è indirizzato allo sviluppo delle start-up innovative.

Per essere considerata una start up innovativa una società deve:

- Essere costituita da non più di

60 mesi;

- Avere, a partire dal secondo anno di attività come startup innovativa, un valore totale della produzione annua non è superiore a 5 milioni di euro;
- Non distribuire utili;
- Non nascere da fusione o scissione di una società preesistente o da cessione di ramo d'azienda

Inoltre, deve avere uno o più dei seguenti elementi:

- le spese in ricerca e sviluppo sono uguali o superiori al 15% del maggiore valore fra costo e valore totale della produzione della start-up innovativa. Da questa categoria di spese, sono escluse quelle per l'acquisto e

la locazione di beni immobili
mentre sono da considerarsi
tali le spese legate allo sviluppo
precompetitivo e competitivo
(per esempio,
sperimentazione,
prototipazione e sviluppo del
business plan), quelle relative
ai servizi di incubazione forniti
da incubatori certificati, i costi
lordi di personale interno e
consulenti, le spese legali sulla
proprietà intellettuale.

- Il team è formato per almeno
  1/3 da dottori di ricerca o
  dottorandi di università italiane
  o straniere, oppure laureati
  che, da almeno tre anni, sono
  impegnati in attività di ricerca
  certificata presso istituti di
  ricerca pubblici o privati con
  sede in Italia o all'estero;
  oppure per almeno 2/3 da soci

o collaboratori che hanno
conseguito una laurea
magistrale.

- È titolare, depositaria o
  licenziataria di un brevetto
  registrato (privativa
  industriale) oppure titolare dei
  diritti relativi ad un
  "programma per elaboratore
  originario" (software)
  registrato presso il Registro
  pubblico speciale per i
  programmi per elaboratore
  (SIAE), che siano direttamente
  connessi all'oggetto sociale e
  all'attività d'impresa.

Come già accennato, questo tipo di
società può offrire i propri strumenti
finanziari tramite specifici portali
online, necessari per raccogliere il
capitale di rischio di queste attività
d'impresa. Le piattaforme, inoltre,

avranno un ruolo fondamentale nel dare le informazioni agli investitori riguardo le società di cui si offrono gli strumenti finanziari. Vengono fornite delle schede dettagliate in cui sono esposte le informazioni riguardanti la star up e la singola offerta.

A differenza del peer-to-peer landing, non vi è un prestito da restituire con un certo tasso di interesse, ma un investimento che permette di acquistare quote di partecipazione in nuovi progetti imprenditoriali.

Lo stesso strumento viene utilizzato per raccogliere fondi utilizzati in investimenti immobiliari. Fino a qualche anno fa, l'unico modo per investire nel settore era quello di investire grandi capitali per acquistare proprietà. Ora, vi sono diversi portali specializzati che permettono di investire somme di denaro anche piccole, raccolte tramite il sistema di crowdfunding. Possedere e gestire le proprietà può essere gravoso, richiede una quantità enorme di tempo, denaro e manodopera, ma la natura passiva di un investimento azionario realizzato tramite crowdfunding immobiliare può eliminare queste preoccupazioni. Vi sono due tipo di crowdfunding immobiliare: equity e lending.

Come si può facilmente comprendere, la differenza sta nel fatto che, col primo, si acquistano quote della società in cui si investe; col secondo, si ottiene un titolo di credito con un certo tasso di interesse.

Nel primo caso, quindi, non si diventa soci o proprietari di qualcosa ma, in cambio del denaro prestato, entro una scadenza e a un tasso di interesse prestabiliti, si ha diritto a riavere indietro il credito. Tramite equity crowdfunding invece si entra proporzionalmente alla somma investita nella società che realizza il progetto immobiliare (ma non si diventa automaticamente proprietario di un immobile).

CAPITOLO 11

Riflessioni conclusive

Per creare un reddito passivo, in conclusione, serve un importante lavoro attivo a monte: prima di arrivare a lavorare poche ore a settimana, sarà necessario effettuare uno sforzo iniziale, propedeutico alla costruzione della propria rendita.
Per poter generare passive income sarà fondamentale imparare a fare molte cose, spesso anche fuori dalla propria confort zone. Questo, chiaramente, implica una buona dose di determinazione e molto impegno.
Anche creando una rendita sufficiente, non è detto che questa rimanga tale a lungo. Per cui, si dovrà rimanere sempre vigili, in quanto potrà essere necessario apportare degli interventi di manutenzione per rigenerare il reddito o, addirittura,

rifondarlo da zero nel caso si esaurisca del tutto. Da qui, il consiglio di stare sempre attivi alla ricerca di nuove fonti di reddito: tenere sempre delle alternative pronte è una buona idea per mettersi a riparo da eventi (imprevisti o fisiologici) che potrebbero danneggiare le rendite attuali. Il vantaggio di operare in questo settore sarà quello di avere molto più tempo per cercare nuove fonti di reddito rispetto alle persone che devono quotidianamente rispettare orari di lavoro ordinari.

Vi sono, quindi, tre fasi ineludibili nella costruzione e nel mantenimento di una affidabile rendita passiva:

1. Preparazione: in qualsiasi modo si decida di procedere, sarà necessario un grande lavoro di studio, ricerca di informazioni e monitoraggio del settore nel quale si vuole entrare. Se non si hanno delle competenze necessarie, sarà fondamentale acquisirle durante i lavori preparatori.

2. Azione: nella seconda fase si procederà a mettere in pratica ciò che si è imparato per poter costruire una struttura idonea a generare entrate automatiche per un periodo di tempo prolungato.
3. Controllo: una volta messa in piedi la struttura, si dovrà continuare a monitorarla per evitare che si "inceppi" e smetta di funzionare.

Il punto fondamentale rimane sempre quello di avere un valore da vendere. E, come abbiamo visto, ci sono svariate opzioni per poterlo creare senza dover lavorare in maniera continuativa nel tempo; e molte altre possono essere create con un po' di intraprendenza e creatività.
Quello che bisogna tenere in mente è che non c'è mai nulla di gratuito nel mondo del lavoro, nemmeno nel campo dei redditi passivi. Nessuno vi potrà promettere che vi arriveranno dal nulla soldi a palate. Come

abbiamo ampiamente visto, anche per costruire una rendita del genere servirà uno sforzo più o meno ampio di studio e preparazione. La differenza con le altre tipologie di reddito sta nel fatto che, una volta costruito un business capace di generare reddito in maniera automatizzata, la quantità di lavoro materiale necessaria per portare avanti la propria attività potrà essere sensibilmente ridotta.

Ottenuta questa libertà finanziaria e lavorativa, avrò la possibilità organizzare il mio tempo coltivando delle passioni, o seguendo le mie vere aspirazioni, o, perché no, cercare con calma un reddito attivo che soddisfi pienamente i miei interessi.

Riferimenti

Adanoupolus, G. (s.d.). *Money.it*. Tratto da money.it: https://www.money.it/Crowdfunding-immobiliare-piattaforme-Italia-come-investire

Auletta, G., & Salinitro, N. (2015). *diritto commerciale.* Milano: Giuffrè Editore.

Bessone, M. (2013). *Istituzioni di diritto privato.* Torino: Giappichelli Editore.

Campobasso, G. F. (2016). *Diritto commerciale: diritto delle società.* San Mauro Torinese: UTET Giuridica.

Capital.com. (s.d.). Tratto da Capital.com: https://capital.com/it/liquidita-del-mercato

Chen, J. (2019). *Investopedia*. Tratto da Investopedia.com: https://www.investopedia.com/terms/s/securitization.asp

Consob: Autorità italiana per la vigilanza dei mercati finanziari. (s.d.). Tratto da Consob.it: http://www.consob.it/web/investoreducation/criptovalute

Consob-Crowdfunding. (s.d.). Tratto da Consob.it:
    http://www.consob.it/web/investor-
    education/crowdfunding

Di Vita, G. (2012). *Lezioni di Macroeconomia*. Torino:
    Giappichelli Editore.

Diluca, F. (s.d.). *Liberta finanziaria*. Tratto da
    libertafinanziaria.biz:
    https://libertafinanziaria.biz/cose-da-
    sapere/come-vivere-di-rendita-creare-reddito-
    passivo-passive-income/

Faci, L. (s.d.). *Economyup*. Tratto da economyup.it:
    https://www.economyup.it/innovazione/sharin
    g-economy-cosa-e-e-perche-e-difficile-dire-
    cosa-e/

Flynn, S. M. (2005). *Economics for dummies*. For
    Dummies.

Forza, D. (s.d.). *Italian crowdfunding*. Tratto da
    italiancrowdfunding.it:
    https://italiancrowdfunding.it/quanto-rende-il-
    peer-to-peer-lending/

kagan, J. (s.d.). *Investopedia*. Tratto da
    investopedia.com:
    https://www.investopedia.com/terms/p/peer-
    to-peer-lending.asp

Marino, L. (s.d.). *Oberlo*. Tratto da oberlo.it:
https://www.oberlo.it/blog/network-marketing

Migliorini, F. (s.d.). *Fiscomania*. Tratto da
Fiscomania.com:
https://fiscomania.com/reddito-passivo-dal-
blog/

Okpedia. (s.d.). Tratto da enciclopedia economia:
https://www.okpedia.it/

Pisanu, N. (s.d.). *Agenda digitale*. Tratto da
agendadigitale.eu:
https://www.agendadigitale.eu/documenti/dro
pshipping-cose-come-funziona-e-trovare-
fornitori-migliori-2019/

Rose, J. (s.d.). *Forbes*. Tratto da forbes.com:
https://www.forbes.com/sites/jrose/2019/02/0
7/passive-income-ideas-2019/#2d43240d14d3

Stigliz, J. E., & Walsh, C. E. (2005). *Principi di
microeconomia*. Milano: Hoepli Editore.